TRANSFORME CONVERSAS EM DINHEIRO

COMO FECHAR VENDAS PELO WHATSAPP E PELO DIRECT.

VICTOR DANILO

Apresentação

Olá, tenho uma pequena história para te contar, e é importante que você leia, para que você possa decidir se deve ou não confiar nas informações que existem neste livro!

Meu nome é Victor, tenho 28 anos, sou formado em Tecnologia da Informação e desde novo eu queria descobrir uma nova forma de investimento para fazer meu capital crescer cada vez mais, foi onde comecei a me interessar pelos negócios do meu avô, comecei a comprar gado e isso era um ótimo negócio, porém chegou uma época em que a fazenda se tornou pequena para nós dois, eu não tinha mais como aumentar meu rebanho pois já estava no meu limite, as terras não cabiam mais, então peguei o capital que eu não conseguia mais comprar gado e fui me envolvendo com o mercado de capitais, investi na bolsa de valores, inclusive perdi muito dinheiro, mas não por incompetência, mas por imprudência, fui imprudente ao escolher investir em empresas que tinham vínculos com o governo, e em uma investigação fiscal essas empresas foram descobertas sonegando impostos, e o que seria minha galinha dos ovos de ouro, acabou se tornando uma ruína financeira.

Apos o ocorrido continuei a trabalhar e juntar capital para investir em alguma coisa que não tivesse nenhum tipo de vínculo com o governo ou estado, nessa busca pelo investimento perfeito, me deparei com o ouro, mas acabei não investindo com um certo medo que desse errado novamente, apesar do ouro ter um preço independente de governo, eu sempre me lembrava do ocorrido na bolsa de valores.

Apresentação

Decidi que talvez aquela fosse a hora certa para começar a empreender, ter meu negócio próprio, não depender apenas de fazenda, mas ter minha própria empresa, onde eu pudesse crescer, escalar, e atingir dimensões proporcionais ao tamanho dos meus sonhos.

Acabei me aventurando em uma viagem para a Europa, na intenção de trabalhar em parceria com uma agência de marketing digital europeia.

A ideia era trabalhar com eles em parceria durante algum tempo e posteriormente abrir minha própria agência.

Bem, com o passar do tempo acabei mudando de ideia, decidi lançar alguns cursos na Hotmart, vender como afiliado e gostei muito dos resultados.

Eu não tinha custo mensal com funcionários, não tinha despesa operacional com a empresa, tudo que eu precisava fazer era vender e receber comissão.

Parecia tudo perfeito...

Apresentação

Claro, nem tudo foi mil maravilhas, afinal o mercado digital evolui muito rápido, quando entrei no mercado existia muito menos concorrência, plataformas como Google e Facebook não bloqueavam links, as páginas de vendas eram bem menos elaboradas, não tinham tantos elementos, era apenas um fundo branco com um vídeo tocando no centro.

E quando eu entrei no marketing digital, as pessoas abriam e-mails!

Você fazia um lançamento, e todo mundo comprava, todo mundo abria a sequência de e-mails do lançamento.

As pessoas também baixavam as iscas digitais (e-book grátis) com muito mais facilidade.

Hoje o mercado ficou mais profissional e até mesmo os grandes players do mercado necessitam de reciclagem, de aprender o novo.

E por isso que o marketing digital chegou no Whatsapp!

Apresentação

As pessoas perceberam que no Whatsapp a taxa de abertura de uma mensagem é 100%.

Enquanto no e-mail marketing apenas 5% das pessoas chegam no e-mail final de vendas, no Whatsapp você pode até não gerar o clique, não gerar a venda, mas você tem a certeza de que a pessoa vai abrir!

Então obviamente, o marketing digital migrou muitas de suas operações para o Whatsapp, afinal se você souber vender, souber convencer o seu cliente, o Whatsapp é uma ferramenta instantânea de mensagens, você não dá tempo do seu cliente esfriar.

Isso ajuda a vender muito mais!

Sem mencionar que o Whatsapp é grátis, enquanto os serviços de e-mail marketing tem um custo mensal para operar, então mesmo pessoas sem orçamento financeiro podem utilizar o Whatsapp como força de vendas.

Problema

Apesar de todo mundo já ter percebido que o Whatsapp é a nova fronteira tecnológica do marketing digital, muitas pessoas não sabem como usá-lo da maneira correta, não sabem como aproveitar o potencial da ferramenta.

Quando digo que as pessoas não sabem usar, não quero dizer no sentido tecnológico, afinal todo mundo sabe enviar um áudio, realizar uma chamada por voz, enviar um arquivo, uma foto, então não é disso que eu falo!

Quando digo que as pessoas não sabem utilizar o Whatsapp, direct, Messenger, DM, Telegram ou qualquer outra ferramenta de mensagens instantâneas, quero dizer que falta nessas pessoas a arte da negociação.

Essas pessoas não sabem conduzir uma conversa até o tão sonhado "sim".

Não sabem como fazer o primeiro contato, como despertar interesse no produto e acabam sendo ignorados ou bloqueados.

Problema

Muitos afiliados, mesmo tendo acesso a uma ferramenta onde a taxa de abertura de mensagens é 100% garantida, não utilizam dessa vantagem para fechar uma venda.

Isso é bem semelhante ao que acontece nos call centers.

Quando uma empresa de call center te liga, é quase certeza absoluta que você irá atender.

Mas aquele atendimento robotizado, indiferente e enfadonho dos atendentes, acaba te fazendo ficar mais irritado do que realmente interessado no produto.

O que acontece então?

Você desliga, não dá atenção, não compra!

E é exatamente isso que anda acontecendo com os afiliados que tentam vender pelo Whatsapp!

Paradigma

O grande paradigma (padrão perfeito) do mercado de afiliados para as vendas via mensagem instantâneas, é justamente converter todas as suas conversas em vendas.

Afinal você está investindo seu tempo, dedicação, esforço, então seu tempo precisa ser remunerado!

Mas será que existe uma forma de ser tão eficiente assim nesse mercado?

Converter todas as conversas em vendas, não desperdiçar tempo com quem não quer comprar.

Saber conduzir as conversas até o sim, não deixando o cliente perder o interesse e muito menos esfriar.

Bem, não posso garantir que você fechará todas as vendas, mas posso garantir que se você utilizar todos os métodos desse livro, com o tempo você estará fechando pelo menos 90% das suas conversas.

Prática

A verdade é que vender é uma atividade assim como todas as outras, ou seja, quanto mais você vende, mais você vai pegando o jeito e se aperfeiçoando.

Não quero te fazer sonhar um sonho utópico, quero ser bem realista com você!

Você irá ler esse livro até o final e acredite, suas primeiras vendas ainda não vão se fechar sozinhas como se fosse um passe de mágica, porque apesar de você ter todo esse conhecimento, você não pegou a prática e a segurança de vender ainda.

Neste livro você vai aprender a quebrar objeções, vai entender as boas práticas de profissionalismo no Whatsapp, só que a princípio você ainda vai estar um pouco enrrijecido por não ter a prática.

Muitas vezes durante a conversa, talvez você sinta a necessidade até mesmo de abrir esse livro pra fazer algumas consultas.

Porém quando você adquirir a prática, acredite, a venda vai fluir naturalmente.

Prática

Não sei se alguma vez na vida você já estudou uma língua estrangeira, mas é basicamente igual.

Fiz 6 anos de inglês, pura teoria!

O dia que viajei para o exterior e precisei falar inglês, deu um branco, ainda ficava meio perdido.

Mas com 1 mês fora do Brasil, com meu conhecimento teórico e vivendo a prática, acabei pegando confiança e os hacks de falar inglês.

O que estou te ensinando nesse livro também é uma forma de linguagem, mas não estrangeira.

É a linguagem persuasiva.

No começo, apenas com a teoria, talvez você precise sempre voltar neste livro para fazer consultas.

Mas depois de fechar algumas vendas, você pega confiança e começa dominar a habilidade de vender.

Então começa transformar conversas em dinheiro.

Vantagens do WhatsApp

O WhatsApp é a maior rede social de troca de mensagens do mundo, com mais de 1,6 bilhões de usuários cadastrados. No Brasil, o último número divulgado era de aproximadamente 140 milhões de pessoas.

Hoje existem muito mais pessoas no Whatsapp do que em qualquer outra rede social.

Além de ser a rede social mais utilizada dentro do Brasil, também é a rede social com menos restrições, ou seja, uma rede social que não proíbe nenhuma modalidade de links, imagens ou documentos, nenhuma modalidade de arquivos e nem bloqueia conteúdos protegidos por direitos autoriais, e nisso, acaba sendo muito mais vantajoso do que as outras redes, e vou explicar o movito.

Hoje no Instagram, Facebook, existem muitas limitações, por exemplo, se tratanto de produtos digitais, atualmente pelo menos 30% dos links de afiliados da internet estão bloqueados por essas redes sociais.

Vantagens do WhatsApp

Em redes sociais como Instagram e Facebook você também tem um limite de conversas, de contatos, de interações dentro de um dia.

Já no Whatsapp não tem nada disso!

Você pode mandar links pra quem quiser, com o conteúdo que quiser, na quantidade de vezes que quiser, e o aplicativo não exerce sobre você nenhum tipo de restrição.

Ou seja, pra vender é bem menos burocracia.

Sem mencionar também que no Whatsapp tem como você configurar respostas automáticas, colocar link no seu perfil, ou seja, pra que você não perca nenhuma venda, você pode até mesmo colocar um textinho pré-definido para determinadas horas do dia em que você não esteja online, por exemplo, da meia noite até 6 da manhã, com uma mensagem automática e um link.

Dessa forma você não perde vendas em nenhum horário do dia!

Vantagens do WhatsApp

Não posso deixar de destacar também que além de todas essas, uma das maiores vantagens do Whatsapp é sua versão Web, para computadores.

Dessa forma você consegue responder, interagir, persuadir seu cliente com muito mais velocidade, e através do teclado do computador, que é mais fácil pra digitar.

Veremos mais a frente um pouco melhor sobre essa versão web do aplicativo, e como ela pode ser utilizada em forma de vantagem comercial.

Mais a frente vou te ensinar como usá-la, como encontrá-la em seu aplicativo e como vincular seu computador e seu Whatsapp em uma só conexão.

Mas antes, vamos entender um pouco melhor sobre as boas práticas que devem ser consideradas quando se trata de vender pela internet em um mensageiro instantâneo.

Conteúdo

Bem, a partir daqui quero te ensinar as principais práticas que você deve considerar e também evitar para chegar ao sucesso nas vendas.

Quero te mostrar quais são as principais objeções de um cliente na hora de realizar uma compra, e o passo a passo para quebrar qualquer uma dessas objeções.

Esses passos citados daqui em diante, poderão ser utilizados para fechar vendas tanto de produtos digitais quanto vendas de produtos físicos.

Não importa qual é o seu trabalho e qual produto ou serviço você venda, se você utiliza o Whatsapp como ferramenta de trabalho, daqui em diante você tem o verdadeiro ouro para te ajudar a transformar qualquer prospect (pessoa interessada no seu produto) em comprador.

Vamos lá, mãos na massa!

É hora de começar a vender como nunca antes!!!

As mata vendas

Existem algumas práticas que eu carinhosamente apelidei de "mata vendas".

E por que esse apelido?

Simples, porque são atitudes que muitas vezes fazem o cliente correr de você, te enxergar como amador, e condenam todo o processo de vendas.

Você já ouviu aquele ditado de que "a primeira impressão é realmente a que fica"?

Bem, essa frase é real!

A primeira impressão que seu cliente tiver de você, muito dificilmente você conseguirá mudar.

Por isso se logo no início esse cliente perceber que você é aquele tipo de vendedor enjoado, desesperado por vender, a partir daí o inconsciente desse cliente vai criar uma barreira psicológica de proteção, e você não vai conseguir ser persuasivo e muito menos quebrar alguma objeção.

As mata vendas

Então muita atenção para as práticas que você não deve fazer em hipótese alguma!

Primeiramente, nunca, mas nunca, nunca mesmo, envie um áudio como primeiro contato com o seu cliente.

Na verdade áudio é bom de ser evitado em qualquer lugar da conversa, só envie se o cliente te der essa liberdade.

Existem diversas razões para que eu te recomende isso e vou te explicar!

Nossa voz muitas vezes pode ser uma aliada, mas também pode ser uma vilã no processo persuasivo.

Por exemplo, você já deve ter lido em alguns lugares, que manter um tom de voz firme e imponente ajudam a transmitir confiança, certo?

Bem, essa afirmação é totalmente real, uma voz firme e confiante ajudam demais a transmitir confiança.

As mata vendas

O problema é que muitas vezes você pode não conseguir controlar isso!

Se você estiver inseguro, com receio, você pode transmitir isso na voz sem querer!

E não é apenas no tom de voz, mas em pequenas palavras que demonstram insegurança.

Por exemplo, talvez gravando um áudio você nem perceba, mas utilize demais os vícios de linguagem que transmitem insegurança.

Acho que você já deve ter visto pessoas que só conversam dizendo: "né, tipo, então, hmmm, aff".

Esses vícios são imperceptíveis pra quem está falando, mas pra quem está ouvindo, se torna chato e um perceptivo de insegurança.

Ou seja, se você enviar sua mensagem via texto, fica muito mais fácil de você identificar esses vícios e retirá-los da mensagem antes de enviar.

As mata vendas

Outro problema dos áudios são sotaques e gírias, que pra muitos dificulta o entendimento.

Pra quem vende produtos via internet, não tem como vender apenas pra pessoas da sua região, muito pelo contrário, você venderá para pessoas do Brasil inteiro, e muitas vezes até mesmo para pessoas de Portugal, Angola, Macau (países que tem o português como língua nativa).

Ou seja, quando existe uma diferença muito gritante no sotaque, nas gírias, na velocidade da fala, a comunicação se torna mais difícil.

Imagina um carioca, que puxa bastante o "s", tem seu tom de voz próprio, sotaque, algo único da região, negociando a compra de um produto com um nordestino, que naturalmente tem outro sotaque, outras gírias, não puxa o "s" e tem uma velocidade de fala um pouco mais rápida.

Naturalmente essa conversa via áudio seria mais difícil, com mais pausas, a conversa seria interrompida por frases como: "repete por favor, não consegui entender".

As mata vendas

Ou seja, se você conseguir conversar em todos os níveis da conversa apenas por texto, as chances de que seu cliente te entenda melhor, confie mais em você, e te veja como profissional, aumentam bastante.

E se tratando de profissionalismo, uma prática bem importante também a ser evitada é o envio de emojis, figurinhas e afins.

Vou te explicar o motivo!

Muitas pessoas tem entendimentos e interpretações diferentes a respeito de cada emoji!

E o que quero dizer com isso?

Bem, você pode enviar um emoji ao seu cliente e ele entender isso de outra forma, com outra interpretação, distorcendo assim o contexto da conversa e fazendo você perder uma venda, vou te dar alguns exemplos do que estou dizendo:

As mata vendas

Esse emoji abaixo, foi projetado pelos engenheiros do Whatsapp para ser um emoji de alegria, felicidade, sorrindo, algo alegre:

Porém para algumas pessoas, esse é um emoji de tristeza, choro, algumas pessoas enxergam essas lágrimas de alegria como lágrimas de choro, e muitas vezes acabam entrando em situações constrangedoras por causa disso, como no exemplo da figura abaixo:

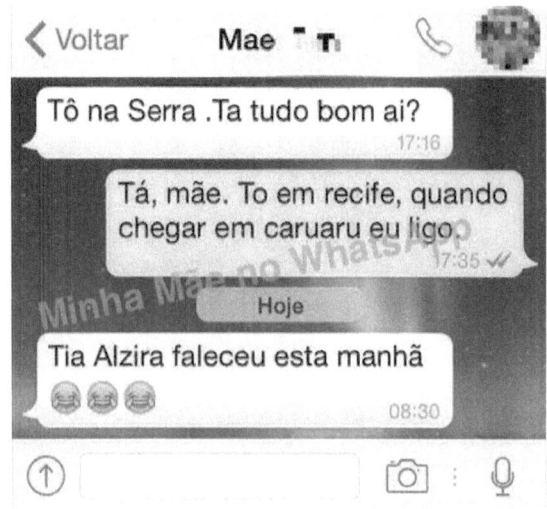

As mata vendas

No exemplo da imagem, fica parecendo que o falecimento da Tia Alzira foi considerado algo engraçado e não triste.

Bem, por incrível que pareça, as suas figurinhas e emojis favoritos, muitas vezes podem mais atrapalhar do que ajudar no processo de vendas.

Se você por exemplo, estiver vendendo pra uma pessoa casada e enviar um coração vermelho, essa pessoa (cliente) e seu conjuge, podem interpretar o seu coração como uma tentativa de flerte.

Talvez pra você seja normal enviar coraçãozinho para todos seus clientes, mas pra pessoa do outro lado pode não ser tão comum receber!

Evite tudo aquilo que pode ter dupla interpretação.

Utilize o máximo de texto possível e acredite, isso vai fazer toda a diferença nos seus resultados!

Erros de ortografia

Ao utilizar apenas texto, você acaba se deparando com um problema bastante frequente, os erros de ortografia.

Afinal como toda sua comunicação será escrita, as chances de cometer um pequeno deslize aumentam bastante.

Bem, sei que é um pouco óbvio te aconselhar a não cometer erros ortográficos, mas vim aqui não apenas para te aconselhar, mas pra te ensinar um pequeno hack que vai evitar muitos erros em sua digitação!

Quando for escrever para seu cliente, abra em paralelo uma aba de editor de texto, por exemplo, abra o Word do seu computador, e utilize o WhatsApp Web.

Assim você poderá escrever tudo no Word, conferir a ortografia e depois apenas copiar e colar no Whatsapp, é bem simples!

WhatsApp Web

No seu Whatsapp você clicará nos 3 pontinhos que ficam na parte superior do aplicativo e posteriormente em Whatsapp Web.

Vai abrir uma página com um link pra você acessar via computador e uma câmera para scanear o código.

Após scanear o código, suas conversas do celular irão todas para tela do Computador, agilizando sua velocidade de digitação e te permitindo abrir um editor de textos ao lado.

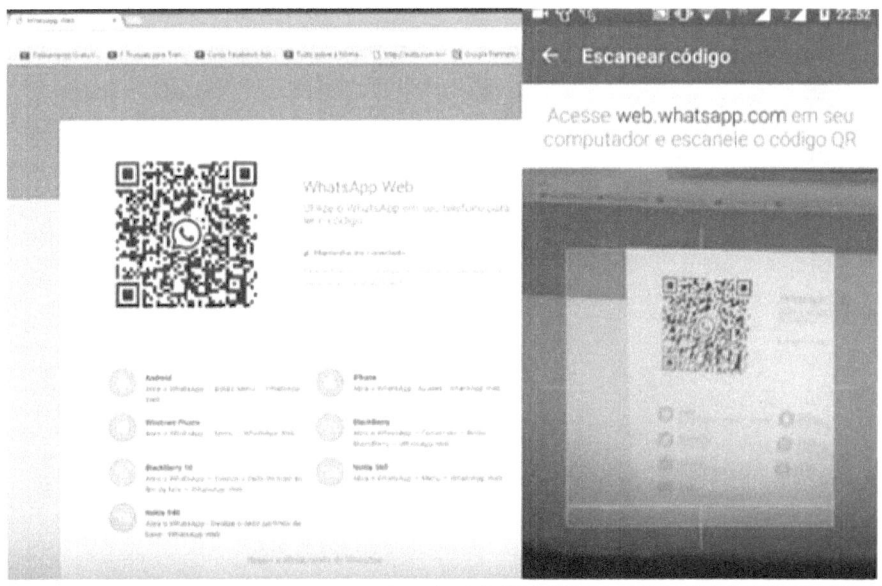

Editor de textos

No editor de textos é bem simples, basta abrir o Word mesmo, ou o Writer (que é gratuito), e escrever seus textos lá primeiro.

Quando existir algum erro de ortografia, o editor sublinhará de vermelho e você conseguirá ver a palavra da forma correta, melhorando assim sua ortografia e o profissionalismo de sua comunicação.

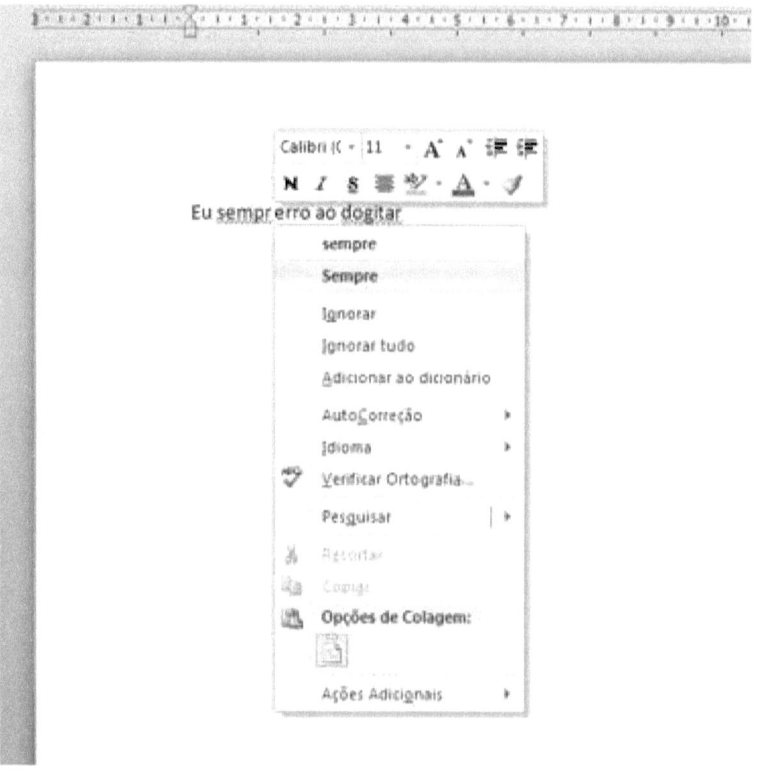

Outros mensageiros

Atualmente essa estratégia de melhorar a ortográfica pode ser aplicada em qualquer mensageiro, afinal Messenger, Direct do Instagram, DM do Twitter, Telegram, entre outros, todos tem sua versão web.

Ou seja, todos eles podem ser abertos no computador, e em todos eles você pode ter uma ortografia impecável.

Sem mencionar que você consegue melhorar seu tempo de resposta em todos eles.

Afinal, é muito mais rápido e prático digitar no teclado do computador.

Você consegue negociar com mais clientes ao mesmo tempo, e devido a sua velocidade de digitação ser mais rápida no computador, seu cliente nem vai perceber que você está digitando primeiro no Word pra conferir a ortografia.

Você alia agilidade e perfeição no texto de uma só vez.

Primeira abordagem

Mas então vamos lá para um pouco de prática!

Acho que a pergunta que mais recebo no direct do meu Instagram é: "como devo abordar meus clientes no WhatsApp?"

As pessoas não tem a mínima ideia de como deve ser esse primeiro contato, o que dizer, como dizer, qual o momento certo de ofertar o produto.

Então vamos lá pra resposta: **DEPENDE**.

Isso tem muito a ver com o produto que você vende, com o estágio do cliente, se é um cliente recém chegado ou se esse cliente já comprou alguma vez de você.

Depende muito também de como você encontrou o telefone desse cliente, se foi ele que te deu ou se foi você que encontrou e vai puxar um papo.

É necessário saber se esse cliente te deu o espaço e a liberdade de ir falar com ele, tudo isso é importante no processo de abordagem.

Cliente que não te deu liberdade

Bem, esse é aquele cliente que não te deu o número dele, não te conhece, não te deu liberdade, mas por algum motivo você encontrou o número desse cliente e deseja arriscar a sorte, oferecendo um produto.

Você precisa saber que esse tipo de cliente é bem mais hostil, afinal você está de certa forma invadindo o espaço dele, entrando em contato com ele por um número que ele não te deu, a respeito de um produto que ele nem foi atrás conhecer.

Esse é o tipo de cliente que nem é muito recomendado você interagir, porque as chances de ser bloqueado são maiores do que as chances de ser bem tratado.

Porém preciso confessar que mesmo esse tipo de cliente sendo mais difícil de trabalhar, ainda assim dá pra fechar algumas vendas através dele.

E é meu dever te ensinar como fazer isso!

Cliente que não te deu liberdade

Como esse cliente não te deu o número dele, ele não está esperando nenhuma mensagem sua, não separou tempo para conversar com você.

Então sua primeira abordagem deve ser curta, direta e com dados de fácil assimilação para que o cliente saiba o que esperar dessa conversa.

O que seria isso na prática?

Bem, dizer que você tem um assunto para tratar com o cliente, sobre o que será esse assunto, e quanto tempo o assunto irá demorar.

Por exemplo:

"Bom dia João, meu nome é Victor, tenho uma proposta de projeto e gostaria de compartilhar com você, não vou gastar mais do que 2 minutos do seu tempo para te apresentar, tem esse tempo agora?"

Veja bem, uma mensagem direta, chamando o cliente pelo nome (isso é muito importante), com uma antecipação do assunto, tempo que irá gastar, e claro, uma chamada pra ação, para poder iniciar a conversa.

Cliente que não te deu liberdade

Esse cliente não tem informações suficientes nesse texto para ter certeza de que é uma boa ideia dizer um "não" para a proposta, então muito provavelmente ele irá te responder, porque até esse momento ele não sabe que você está vendendo algo.

Depois que o cliente te responde pela primeira vez, ele tende a responder uma segunda, porque não tem mais como fingir que "não viu a mensagem".

Ou seja, se você deixar esse cliente curioso, com um texto rápido e direto, com toda certeza ele irá te responder e quando ele te responder, você pode falar do que se trata o assunto.

Mas veja bem, não tente vender um produto pra uma pessoa que não tenha nada a ver com o mesmo.

Não adianta você pesquisar: "números de telefone" no Google e sair abordando todas essas pessoas pra vender um curso de renda extra por exemplo.

São pessoas que talvez nem sabem o que é uma renda extra, então por mais persuasivo que você seja, não vai vender nada.

Você precisa segmentar seus clientes por interesse.

Cliente que te passou o número

O cliente que te passou o número é uma modalidade de cliente mais fácil e simples de se trabalhar, porque normalmente esse cliente tem algum grau de consciência sobre o seu produto.

Normalmente esse é aquele tipo de cliente que você faz captação via Instagram, Facebook, Blog, Youtube ou afins.

Pra esse tipo de cliente, você precisa entender que não existem "preliminares", você não precisa capturar sua atenção, ter alguma estratégia mirabolante e nem fazer muitos rodeios.

Afinal esse cliente te deu o número porque de alguma forma quer conhecer seus produtos, serviços, tirar alguma dúvida com você ou coisa do tipo.

Então pra essa modalidade de cliente, você precisa de ter em mente duas coisas:

1 - Você precisa criar familiaridade com o cliente.

2 - Você não pode perder o tempo desse cliente.

Cliente que te passou o número

Como realizar essas duas coisas?

Simples, para criar familiaridade com o cliente, você precisa chamá-lo sempre pelo nome, é uma arma psicológica extremamente forte, todo mundo gosta de ouvir seu próprio nome, e isso é uma herança psicológica que vem impregada em nós desde recém nascidos.

Qual a fase da vida onde nos sentimos mais amados? Mais queridos?

Quando somos recém nascidos, porque nesse momento todo mundo chama o nosso nome!

Observe bem como a família de um recém nascido o trata!

Ficam chamando o nome dele sem parar, tentando arrancar algum sorriso, alguma aprovação.

O bebê se sente amado, único, centro das atenções.

Quando você chama seu cliente pelo nome, inconscientemente você trás na memória dele essas lembranças da infância.

Cliente que te passou o número

Em outras palavras: de forma insconsciente você está dizendo para esse cliente que ele é o centro das atenções, querido, amado, e de forma indireta, mostra que você quer o bem dele, e por isso jamais prejudicaria ele de alguma forma.

Isso cria familiaridade e gradativamente ao longo da conversa, vai fazendo com que seu cliente confie cada vez mais em você!

Ou seja, quando você repetir o nome de seu cliente umas 3 ou 4 vezes no meio da conversa, ele involuntariamente vai abrindo suas defesas mentais (que ele nem sabe que existem) e automaticamente vai formando um sentimento chamado confiança.

Esse cliente passa a ficar mais pré-disposto a te ouvir e mais sugestivo às suas indicações de produtos a venda.

Mas claro, isso é apenas 1 das artimanhas psicológicas que você poderá usar para fechar vendas.

Você também não pode tomar demais o tempo desse cliente.

Cliente que te passou o número

Muitos afiliados tentam fazer o primeiro contato perguntando coisas aleatórias:

"me conte um pouco sobre você!"

"trabalha com o que?"

"Qual sua expectativa para esse ano?"

Bem, se o cliente já veio até você, você pode ser direto, esses rodeios todos acabam gerando cansaço, fadiga e vai acabar deixando a conversa entediante.

Então faça perguntas objetivas, diretas e curtas:

"você já conhece o produto?"

"tem alguma dúvida sobre o produto?"

"posso te ajudar a entender melhor o produto?"

"quer ajuda pra entender como funciona?"

"o que você achou da proposta do produto?"

Cliente que te passou o número

Se você fizer perguntas objetivas, curtas e simples, você acaba economizando o seu tempo, tempo do cliente, e ainda consegue entender quais são as objeções que esse cliente tem sobre o produto.

Querendo ou não, seu cliente veio até o WhatsApp conversar, porque tem dúvidas se o produto vale ou não vale a pena.

Isso quer dizer que por mais que ele não te conte, ele tem objeções, e cabe a você descobrir onde estão essas objeções e quebrar cada uma delas.

Pra isso você precisa conduzir a conversa para determinados assuntos, voltados para as áreas em que o seu cliente pode ter objeções.

Bem, vou te explicar melhor, de forma detalhada e explicada.

As objeções que todo cliente tem, como descobrí-las, e como quebrar cada uma delas, transformando-as em vantagem comercial ao seu favor!

Toda venda é uma linha reta

Uma das melhores maneiras de aprender a vender, é considerar a venda como uma linha reta, como um daqueles jogos de tabuleiro, onde você vai pulando as casas até chegar no objetivo final!

O início do jogo é semelhante ao seu início de conversa com seu cliente.

E cada objeção que você quebra, é uma casinha do jogo que você avança, então quando não tiver mais objeções, você tem o "sim" da sua venda.

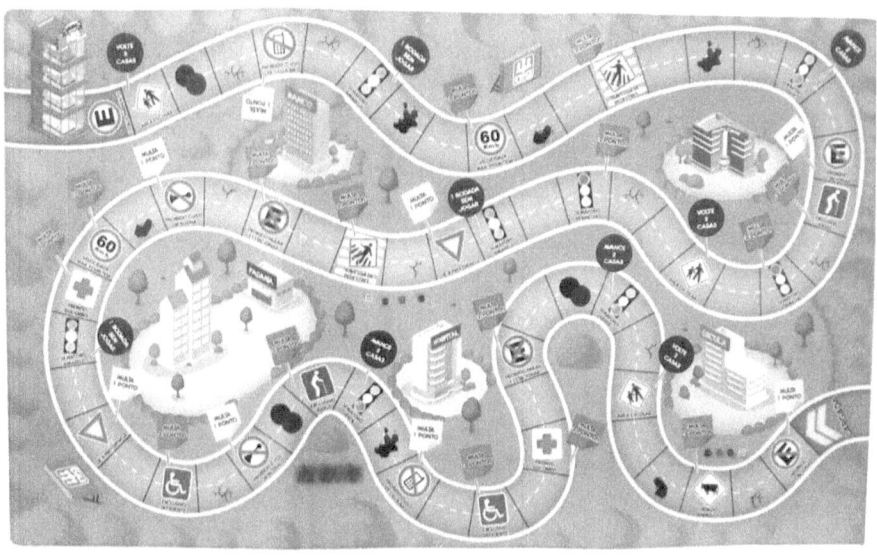

5 principais objeções

Toda venda naturalmente tem 5 objeções básicas:

- Falta de dinheiro;

- Falta de necessidade;

- Falta de desejo;

- Falta de pressa;

- Falta de confiança.

Todo cliente que você encontrar, vai ter uma ou mais de uma dessas objeções.

Alguns clientes terão todas as 5, em contra partida alguns terão apenas 1 ou 2, isso não importa.

O importante é que se você quebrar todas essas objeções, seu cliente não tem nenhum motivo para dizer "não" pra você!

Normalmente em um texto de copywriting, essas objeções são quebradas ao longo do texto, mas como você estará negociando via Mensagem Instantânea, vou te ensinar como quebrar essas objeções pelo Whatsapp.

Falta de dinheiro

A falta de dinheiro nunca é realmente falta de dinheiro, na verdade a falta de dinheiro pode ser considerada uma falta de prioridade, ou seja, a pessoa não está disposta a fazer aquele compromisso financeiro, por achar o preço do produto caro.

A melhor maneira de você descobrir se seu cliente tem essa objeção é perguntando:

"mas e se esse produto estivesse a venda por ¼ do valor, você se sentiria mais tentado a comprar? Seria mais interessante dessa maneira?"

Você dessa forma consegue entender se o valor do produto é ou não é uma objeção.

Se por um preço diferente o produto se torna mais atrativo para seu cliente, é porque a venda está travada por causa de dinheiro, nesse caso você tem argumentos que ajudam a quebrar essa objeção, como por exemplo:

Parcelamento de compras! Quando você olha para o produto em seu valor integral, 300 reais por exemplo, realmente parece caro ver aquele monte de zeros.

Falta de dinheiro

É nessa hora que você utiliza a criatividade para fragmentar esse valor, pensa bem: Pagar 300 reais em um produto talvez pode ser caro, mas você pode perguntar da seguinte forma para o seu cliente:

"Ei, deixa eu te perguntar uma coisa, 1 real é uma quantia alta ou baixa?"

Claro, ele vai responder baixa, e então você pode rebater:

"Ok, você acha que desembolsar 1 real por dia, te aperta ou não?"

Óbvio que a pessoa vai responder que não, afinal 1 real é apenas o valor do cafézinho.

E nessa hora você faz a mágica!

"Mas esse produto vai sair por apenas 1 real por dia, ainda assim te aperta?"

As pessoas acham caro gastar 300 reais, mas não acham caro gastar 1 real por dia, e se for parar pra pensar, um produto de 300 reais, se parcelado, fica 1 real por dia!

Falta de dinheiro

Pensa bem, o mês tem 30 dias, se todo dia você tira 1 real do bolso para pagar o produto, significa que está pagando 30 reais por mês!

Ao longo de 10 meses, você tem um total de 300 reais, que é o preço do produto.

Ou seja, sempre que você perceber que dinheiro é uma objeção, não dê o valor final do produto, dê o valor fragmentado!

O valor fragmentado, parcelado, no inconsciente do cliente vai ser interpretado como algo barato.

Então antes de falar com seu cliente, faça as contas, tenha a matemática do seu lado.

Muitas vezes o produto que seu cliente acha caro, pode ser comprado por menos de 50 centavos por dia, e quando você mostrar essa realidade pra ele, a falta de dinheiro não será mais uma objeção!

Eu fechei uma venda na academia que malho graças a essa tática!

Pessoal da recepção estava tentando matricular um novo aluno, e esse aluno achando caro a mensalidade.

Falta de dinheiro

Eu estava do lado escutando a conversa e pedi licença para participar, e disse:

"Amigo, a mensalidade é 120 reais por mês, mas você pode malhar todos os dias, isso dá um total de 3 reais por dia!

Bem, você vai usar equipamentos da academia, beber água da academia, ter instrutores te orientando durante 1 hora por dia, pagando só 3 reais por isso!

Uma garrafa de água custa isso no supermercado, isso quer dizer que se você trouxer sua garrafinha pra encher aqui, é como se você estivesse pagando só pela água, e a academia estivesse saindo de graça!

Pensa por esse lado e me diz se ainda está caro!"

Eu falei apenas esse textinho, com essas frases exatas, e automaticamente o cliente olhou para a recepcionista e pediu o contrato para assinar!

Entenda... Não existe produto caro, existe cliente com uma realidade distorcida de valor!

Falta de necessidade

Alguns clientes vão chegar até você sem precisar tanto do seu produto, ou pelo menos sem saber que precisam do produto, quando isso acontece, você vai precisar gerar a demanda do produto para conseguir vender.

Normalmente esse cliente é aquele que flerta com o produto a tempos, acha interessante, tem vontade de conhecer, mas não encontrou nada que justificasse a compra.

Vou te dar um exemplo que acontece comigo!

Eu sou apaixonado em SmartWatch, acho incrível aquela tecnologia de um relógio inteligente, acho interessante essa possibilidade de medir batimentos cardíacos, contar passos, receber as notificações do celular no pulso, e monitorar meu sono.

Porém apesar de achar legal, flertar com o produto, pesquisar preços e modelos, ler a respeito da tecnologia, ler todas as opiniões dos donos, eu não vejo a necessidade de um relógio inteligente na minha vida, então eu não compro, e a menos que alguém muito bom de lábia me convença, eu vou continuar sem comprar.

E esse perfil de cliente também será comum em seu negócio, e você precisa saber como lidar com ele!

Falta de necessidade

Normalmente esse cliente tem o dinheiro, pode realizar a compra, tem consciência sobre a qualidade do produto, não precisa ser convencido de nenhuma outra objeção, mas não tem a necessidade iminente do produto e por isso, não compra.

Pra esse tipo de cliente, nós iremos criar a necessidade, fazer com que ele necessite do produto.

Todo produto soluciona um problema, só que alguns problemas nós nem sabemos que possuímos, ou seja, você precisa encontrar algo que seu produto resolva.

Basicamente você cria um problema para seu produto resolver.

Vou te dar um exemplo, uma clínica de estética tinha comprado uma máquina pra fazer um procedimento de beleza nas clientes, mas toda cliente que chegava na clínica dizia que não precisava daquele procedimento.

Então as vendedoras começaram olhar nas mãos das clientes, em busca de alianças e para as casadas elas diziam: Nossa os maridos amam e elogiam as esposas depois desse procedimento.

As clientes não tinham um problema no corpo, mas tinham problemas nos lares, queriam ser notadas pelos maridos, então a máquina resolve o problema.

Falta de necessidade

Ou seja, as clientes chegaram no salão e elas achavam que seus problemas eram uma gordura localizada, um cabelo sem brilho, mas de analisar as clientes, você percebeu que elas eram casadas e se são casadas tem problemas de gente casado.

Então a pergunta é: Qual problema essa pessoa pode ter e desconhece?

A segunda pergunta é: Meu produto resolve isso?

Bem, se você encontrar esse problema e seu produto se encaixar de alguma forma na solução, você acaba de criar a necessidade.

É semelhante a vender água na praia!

Se você oferece uma garrafa de água na praia o cliente pode até não te comprar na hora, mas se você sentar do lado dele e começar a conversar, querendo ou não ele vai secar a boca, afinal ele está no sol, mormaço, conversando, uma hora vai secar, doer a garganta, e quando secar vai precisar de água, então como você está vendendo, seu produto tem demanda.

Falta de desejo

Quando você criou a necessidade a cerca do seu produto, automaticamente você cria um pouco de desejo, afinal desejamos sempre aquilo que temos necessidade.

Só que além de criar necessidade, tem uma forma muito forte de criar desejo na sua audiência, um desejo que supera a necessidade, que faz o cliente comprar até mesmo quando ele não precisa do seu produto.

Esse desejo acontece por meio de um gatilho mental chamado: **Gatilho da relação Dor x Prazer.**

Esse gatilho basicamente faz uma comparação do que você poderia ter e do que não tem.

Ou seja, mostrando o prazer que pode ser seu e comparando com a dor de não ter esse prazer.

Talvez o uso deste gatilho não ficou muito visual pra você ainda, mas vou te dar um exemplo prático para que você entenda melhor como funciona.

Falta de desejo

Já viu quando em uma casa tem 2 irmãos pequenos, e o irmão mais novo não quer almoçar de maneira alguma, então a mãe espera que o irmão mais velho termine seu almoço, dá um chocolate pra ele e diz ao irmão mais novo: "Tá vendo, se você tivesse comido tudo, ganharia chocolate também igual seu irmão ganhou".

Bem, o que essa mãe está fazendo é utilizar a dor do filho mais novo, de não ter ganhado chocolate, para incentivá-lo a almoçar, e se esse filho mais jovem almoçar, ele poderá acabar com essa dor obtendo o enorme prazer de ganhar um chocolate.

A utilização do gatilho dor x prazer é exatamente isso.

Você mostrará ao seu cliente que ele tem uma dor e pode até continuar com a dor dele se quiser, porém se ele quiser mandar embora essa dor e dar lugar ao prazer, você poderá ajudá-lo.

Bem, o ser humano naturalmente tem aversão a dor, detesta dor, detesta sofrer e por isso está predisposto a fazer alguns sacrifícios, algumas ações para buscar o prazer imediato.

A utilização do gatilho dependerá do produto vendido.

Falta de desejo

Por exemplo, sou da área de marketing digital, vendo cursos online e e-books como esse aqui, que transformam as vidas das pessoas, ajudam essas pessoas a alcançarem maiores resultados, maior renda todos os meses com vendas.

Então como gerar desejo de um produto assim?

Simples, mostrando o que a pessoa está perdendo.

Por exemplo, posso mostrar o que é possível através do conhecimento que esses produtos geram.

Posso apelar pro emocional:

"Por que tem tanta gente ficando rica através de trabalhos na internet e você não consegue? Será que eles tem um conhecimento que te falta? Certeza que sim, caso contrário você estaria rico também! O conhecimento que te falta está nesse produto, e está a um passo de ser seu, tome apenas uma atitude".

Percebe? Usei a atual situação (dor), comparei com o futuro (prazer) e deixei claro o que é necessário fazer.

Falta de pressa

Bem, finalmente vamos para uma das principais objeções na hora das vendas, a falta de pressa.

Algumas vezes você quer o produto, tem desejo, sabe que precisa dele, tem dinheiro, tem tudo, mas não tem pressa.

O ser humano normalmente é procrastinador, ou seja, não gosta muito de tomar iniciativa das coisas, gosta de enrolar, deixar as coisas pra depois.

Acredite, se seu cliente puder comprar amanhã, ele não comprará hoje, ele vai deixar pra amanhã.

Então eu e você como bons vendedores, precisamos dar uma acelerada nesse processo, ou seja, criar pressa, criar urgência.

Basicamente vamos tomar a decisão pelos nossos clientes, fazer com que eles comprem hoje o que eles estavam planejando comprar somente amanhã.

E como fazer isso na prática?

Bem, tem 2 gatilhos mentais pra isso!

Falta de pressa

Pra acelerar o processo de compra, colocar pressa no seu cliente, você poderá usar gatilhos de urgência e gatilhos de escassez.

E o que são esses gatilhos na prática?

O gatilho da urgência é você determinar um prazo para aquela oferta ou para aquela venda.

Por exemplo: **"o valor do produto aumentará amanhã, então você precisa comprar hoje ou pagará mais caro!"**

Outro exemplo: **"daqui 2 horas fechamos o carrinho de compras para esse produto, se não comprar agora não poderá comprar mais."**

Gatilho da urgência é basicamente você limitar o prazo de ação do cliente.

Ou faz dentro do prazo ou vai perder a oportunidade.

O cliente não poderá procrastinar, deixar para amanhã, ele tem de agir hoje, agora!

Falta de pressa

Além do gatilho da urgência, podemos utilizar também um gatilho que torne escasso nosso produto, ou seja, limitar o número de unidades.

Esse gatilho da escassez é bem parecido com o gatilho da urgência, mas ainda assim tem algumas diferenças.

Vou te explicar a essência deste gatilho.

Se hoje você ficar sabendo que no Brasil acontecerá uma greve dos produtores rurais e que irá acontecer desabastecimento nos supermercados.

Aqueles itens que estão lá hoje no supermercado são os únicos diponíveis pra venda e quando acabar você fica sem.

O que você faria? Correria no supermercado para garantir seus suprimentos ou procrastinaria?

É claro que você buscaria alguma forma de se garantir, correto?

Isso aconteceu por causa da pandemia, lembra?

Falta de pressa

Quando os governos de todo o mundo decretaram a quarentena, as pessoas correram e limparam os supermercados, mesmo sem necessidade alguma.

Eles sentiram que talvez poderia haver escassez de produtos, alimentos em geral, então correram para se garantir, compraram até a mais do que precisavam.

Bem, utilizar o gatilho da escassez causa justamente esse efeito.

E aí vem a pergunta: Como aplicar no seu negócio?

A primeira sugestão é identificar em que seu produto pode ser escasso.

Por exemplo, muitas pessoas vendem cursos online, e até uma criança sabe que curso online não tem motivos para ser escasso, afinal você grava uma aula e pode distribuir cópias dessa aula pela internet 1 milhão de vezes e dá o mesmo trabalho de não vender nada, porque a aula já foi gravada, não tem como ser escasso em teoria.

Falta de pressa

Ou seja, se você vende um curso online e simplesmente diz que é a última vaga, seu comprador não tem motivos pra acreditar em você.

Então a única coisa que você poderá limitar, tornar escasso, é algum bônus, alguma surpresa, algum acompanhamento.

Por exemplo: **"no meu curso só tem 100 vagas porque é a quantidade de pessoas que consigo atender no suporte, e essas vagas estão acabando"**

Neste caso, você conseguiu tornar escasso até algo que é relativamente infinito!

Então o cliente sabe que apesar do curso não ser escasso, se ele não comprar agora agora, poderá perder vaga nesses 100, e consequentemente perderá o suporte especializado.

Em outras palavras, seu cliente vai ser exposto ao gatilho da escassez e entenderá que se não tomar uma iniciativa, poderá realmente perder o produto.

Mas esse gatilho não se aplica apenas a cursos.

Falta de pressa

O gatilho da escassez pode ser aplicado a praticamente todo produto, mesmo aqueles infinitos, desde que você encontre algo para limitar.

Por exemplo, algum tempo atrás eu estava fazendo alguns investimentos em imóveis, rodei a cidade atrás de lotes, apartamentos, e consegui fazer algumas aquisições.

Porém comprei tanto que o dinheiro "acabou" e ainda havia restado um apartamento que gostei bastante, uma oportunidade de negócios, e como o prédio ainda estava em construção, fiz um acordo com meu corretor.

Disse pra fecharmos a compra desse apartamento na entrega das chaves, porque eu teria alguns meses pra me capitalizar financeiramente e como faltava uns 8 meses para o prédio ficar pronto, talvez eu conseguisse pagar a vista dentro desse prazo.

Era uma forma de aproveitar a oportunidade de negócios e não me comprometer financeiramente com um dinheiro que eu nem tinha.

Mas sabe o que aconteceu?

Falta de pressa

Meu corretor me ligou em uma bela manhã e me deu a notícia de que as melhores unidades já estavam quase todas vendidas, estavam acabando, escassas.

O que são essas melhores unidades?

São apartamentos que na fase de construção tem o mesmo valor dos demais, mas depois do prédio pronto se valorizam mais que os outros.

Por exemplo, apartamentos que pegam sol da manhã valorizam mais que os que pegam sol da tarde.

Apartamentos do 10º andar são mais valorizados que apartamentos do 1º devido ao barulho.

E eu queria pegar um apartamento nos meus termos, aquele que eu tinha certeza da valorização e que fosse de fácil locação.

Então larguei tudo o que estava fazendo e agendei uma reunião de urgência com meu corretor.

Assinei um contrato de compra e venda, tive de fazer todo um remanejamento financeiro para pagar pelo menos a entrada!

Falta de pressa

Ou seja, o gatilho da escassez funcionou muito bem comigo, meu corretor que o diga!

E sabe por que te contei essa minha história?

Bem, eu sou copywriter, de certa forma tenho a mente meio que blindada contra gatilhos mentais.

Quando alguém tenta utilizar alguma técnica dessas de vendas comigo, eu identifico automaticamente e aquilo deixa de funcionar em mim!

Então se esse gatilho da escassez foi forte o bastante pra fazer até um copywriter, especialista em vendas, agir e comprar, imagina o que esse mesmo gatilho poderá fazer na mente do seu cliente que não tem conhecimento algum sobre esse tema?

Se até eu tive pressa em comprar, me desesperei para agendar uma reunião, imagina os efeitos que isso pode proporcionar nas suas vendas.

Comece a limitar a quantidade disponível do seu produto e você se surpreenderá com o aumento no fechamento das vendas!

Falta de confiança

Se tratando de falta de confiança, essa objeção poderá ser quebrada de formas diferentes.

Inicialmente você tem de ter em mente que a falta de confiança do seu cliente poderá ser em você ou no produto, ou até mesmo nos dois.

Ou seja, se o cliente não tem confiança no produto, você precisa alterar esse status, e se a falta de confiança for em você que está vendendo, você tem uma forma diferente de alterar esse status.

E aqui iremos abordar o passo a passo para ganhar a confiança do seu cliente e fechar a venda.

Bem, alguns clientes não tem muita confiança no produto, tem receio quanto a qualidade, funcionalidade, e pra esse tipo de cliente você poderá ofertar 2 gatilhos mentais diferentes.

Prova social e garantias!

Se sua audiência não tem muita fé no produto que você vende, você precisa compartilhar com essa audiência a prova de que outras pessoas usaram seu produto e gostaram.

Falta de confiança

Sempre que seu cliente disser que não está muito certo sobre o produto, pegue alguns prints, alguns feedbacks positivos que você já recebeu, mostre isso a ele, pois assim ele poderá confirmar que seu produto já foi validado por outras pessoas, outros clientes além dele.

(Por isso é sempre importante pedir feedback para clientes, você sempre terá provas sociais!)

Mas se ainda assim as provas sociais não forem o suficiente para ganhar a confiança do seu cliente, se ainda assim ele ainda não confiar no produto, você tem um segundo argumento: as garantias!

Por exemplo, em um produto digital, curso online, normalmente os produtores oferecem no mínimo 7 dias de garantia, então o cliente não precisa confiar, porque se a qualidade for ruim, não atender a demanda, basta pedir reembolso e o dinheiro volta pra conta!

E todo produto hoje no mercado também tem essas mesmas garantias, até porque é lei, então talvez seu cliente nem saiba que essa lei existe, conte a ele!

Falta de confiança

Deixe bem claro que ele não tem nada a temer porque a lei lhe dá o resguardo.

Com esse conjunto de provas sociais + garantias, toda e qualquer objeção em relação a confiança no produto será quebrada.

E nos resta a confiança em você, ou seja, a confiança no vendedor!

Como fazer seu cliente te enxergar como uma autoridade do mercado e confiar cegamente em você?

Primeiro vamos para a parte de branding, ou seja, a forma como o cliente faz o reconhecimento da sua marca, do seu bussiness.

Se você está negociando via Whatsapp, Instagram, muito cuidado com a foto do perfil, opte por fotos mais sociais, em ambientes corporativos, nunca utilize foto segurando copo de bebida ou fumando, você quer passar a imagem de um homem ou mulher de negócios e não de um homem ou mulher de festas.

Falta de confiança

Outra dica importante, seu cliente normalmente vai te encontrar nas redes sociais, então é muito importante que suas redes sociais (Instagram, Facebook, Youtube) tenham algum tipo de conteúdo de valor.

Por exemplo, você vende roupas?

Fale um pouco sobre moda em seu Instagram, não se limite apenas a ofertar produtos.

Seu cliente vai comprar bem mais fácil de você se tiver a percepção de que você entende de moda.

Outro exemplo, você vende produtos japoneses?

Faça postagem sobre a cultura japonesa, hábitos, costumes, não se limite apenas a ofertar produtos.

Vende carros? Fale também sobre dicas automobilísticas.

Em cada mercado, crie conteúdo de valor, que ajude as pessoas, não utilize as redes sociais apenas como ponto de venda.

Falta de confiança

Para o pessoal do marketing digital, a mesma sugestão, crie conteúdos que ajudem sua audiência, não trabalhe apenas fazendo divulgação de produtos.

Se você criar conteúdo de valor nas suas redes sociais, acredite, isso fará com que seu cliente te enxergue como autoridade, e o problema de confiança você soluciona antes mesmo dele acontecer!

Mas aproveitando que estamos falando de transmitir autoridade, ganhar a confiança do cliente, quero te ensinar um pequeno truque psicologico que gera essa autoridade instantânea.

Puxe uma conversa aleatória com o cliente e conduza essa conversa até um momento de dúvida do cliente.

Aproveite esse momento de dúvida para explicar o assunto, mas aproveite para explicar muito bem explicado, como um professor.

E tem mais.

Falta de confiança

Você precisa explicar esse assunto de uma forma que até mesmo uma criança de 10 anos entenderia.

Ou seja, utilizando analogias, parábolas, comparações, porque se seu cliente em 5 minutos tiver facilidade de entender um assunto ao qual ele tinha dúvida durante meses, pode ter certeza que isso automaticamente fará com que ele te enxergue como a maior autoridade do planeta.

Pra explicar de forma simples assim, você precisará lembrar da Bíblia.

Você já percebeu que tudo que Jesus ensinava aos discipulos era em forma de parábolas para que eles pudessem entender melhor?

Jesus contava uma história, criava um personagem e em cima da história desse personagem, as pessoas compreendiam o ensinamento.

É exatamente dessa forma que precisamos ensinar algum assunto para nossos clientes.

Falta de confiança

Quando você conta histórias, ensina um determinado assunto no meio dessa história, o que você está fazendo é inserir movimento, e para o cérebro humano é muito mais fácil de entender assim, quando há movimento, porque dessa forma conseguimos imaginar e mensurar.

É igual ensinar tabuada pra uma criança de 5 anos, se você disser que 4-3 é 1, ela pode não memorizar.

Porém se você diz que Joãozinho tinha 4 maçãs e Ritinha comeu 3 escondidas, a criança tem facilidade de memorizar o movimento e entender que sobrou apenas 1 maça.

Ou seja, se você conseguir criar uma parábola, uma história, em cima do seu ensinamento, acredite: Sua audiência vai ter facilidade para entender e por consequência eles terão um reconhecimento instantâneo da sua autoridade.

E se eles reconhecem sua autoridade, vão confiar em você, não existe mais objeção.

Agora sua palavra se torna lei!

Conclusão

Como dito anteriormente, o processo de vendas nada mais é do que uma linha reta, ou seja, a medida que você avança as casas, quebra uma objeção, seu cliente vai perdendo os motivos que tinha anteriormente para NÃO fechar com você.

Ou seja, quando você termina de quebrar todas as objeções, seu cliente não tem nenhum ponto negativo que possa impedir o fechamento dessa venda, então quando tudo em seu consciente e inconsciente está dizendo que SIM, ele abre a carteira e compra de você.

Esse método de vendas não é utilizado apenas por mim, mas por grandes nomes, grandes vendedores a nível mundial.

O que você aprendeu aqui, neste e-book, é o conteúdo que muita gente paga palestras e eventos para aprenderem.

Bem, agora esse conhecimento todo está nas suas mãos, use com sabedoria e venda bastante!

Bônus - Efeito Ancoragem

Esta não é uma técnica de negociação em si, na verdade você não quebra nenhuma objeção com essa técnica, mas ela basicamente te ajuda a agregar valor ao produto, em outras palavras você aumenta a percepção de valor do seu produto na visão e no entendimento do seu cliente.

Ancoragem é aquele famoso argumento que muitos comerciantes utilizam em promoções como Black Friday, ou seja, eles elevam a percepção de valor do produto para mostrar ao cliente que ele está comprando barato.

Bônus - Efeito Ancoragem

Confesso que a maneira em que os comerciantes normalmente utilizam a ancoragem é bem imoral, afinal eles criam uma referência de preços artificial, que não é real.

Não recomendo que você utiliza a ancoragem dessa forma, afinal além de ser uma prática hostil, você perderá toda a credibilidade com seus clientes caso eles descubram, então tem mais chances de dar errado do que de dar certo.

Porém existe uma forma de utilizar essa ancoragem de maneira 100% legal, moral, ética, e que irá passar credibilidade aos seus clientes.

Isso é por meio de combos ou bônus.

Por exemplo, no marketing digital isso acontece muito da seguinte forma.

Suponhamos que eu seja afiliado de um determinado produto, e esse produto custa 300 reais, é um curso online com 60 aulas práticas.

Como criar ancoragem nesse caso?

Bônus - Efeito Ancoragem

Simples, eu mesmo como afiliado posso criar alguns bônus que eu entregarei a parte, somente pra quem comprar de mim.

Então eu escrevo um e-book sobre Instagram Marketing, outro sobre vendas, um sobre empreendedorismo e mais um sobre mindset, cada e-book desses se fossem ser vendidos em alguma plataforma como a Hotmart, poderiam custar tranquilamente 25 reais cada.

Ou seja, como estarei entregando 4 e-books de bônus, estou entregando 100 reais a mais de produtos do que o comprador está pagando.

Pra melhorar ainda mais, posso oferecer uma ligação de mentoria, 1 hora de vídeo chamada por exemplo, ou até mesmo posso deixar um webinario gravado, de 1 hora de duração por exemplo, e precificar esse webnario em 600 reais, por ser um tipo de conteúdo exclusivo, único, diferenciado.

Bem, se você fez bem as contas, vai perceber que o curso online de 300 reais na verdade está saindo de graça, porque você está entregando 700 reais em bônus.

Bônus - Efeito Ancoragem

Neste caso, você está criando ancoragem nos preços, porque está entregando 1000 reais em conteúdo, mas o cliente pagará apenas 300.

Em outras palavras, você está aumentando a percepção de valor por parte do seu cliente, ele percebe que está levando muito mais do que está pagando.

Bem isso não quebra objeções, mas gera no seu cliente aquela percepção de ganho, de estar no lucro, de estar na vantagem.

E quando um cliente sabe que está na vantagem, normalmente tem menos objeções.

Bônus - Efeito Ancoragem

Em caso de produtos físicos isso também é possível de fazer, porém o comerciante perderá uma fatia da sua margem.

Por exemplo, você vende carros?

Ofereça tanque cheio ou emplacamento grátis, vai diminuir um pouco na sua margem, porém o cliente tem a percepção de valor, acaba criando menos resistência a compra!

Outro exemplo, você vende casas? Corretor?

Ofereça brindes ao seu cliente, um micro-ondas, uma panela elétrica, algo barato porém funcional.

Vai diminuir sua margem, talvez você ganharia ali 3 mil reais em uma venda e precise investir 10% desse valor em um brinde, mas a chance desse cliente fechar com você e não com outro corretor é muito maior, porque você agrega valor, faz ancoragem.

O cliente compra uma casa de 200 mil, mas recebe a casa com um bônus!

Parece pequeno mas é muito forte essa técnica!

Bônus - Efeito Ancoragem

Você pode aplicar essa técnica mesmo em produtos de preço menor, por exemplo ao vender roupas, maquiagem, e afins, você pode criar pequenos combos, por exemplo:

"Compre calça + camiseta e ganhe um cinto inteiramente grátis."

Ou por exemplo:

"Compre o kit de maquiagem e ganhe delineador grátis."

Sim, esse efeito poderá diminuir um pouco sua margem, mas sugiro que você dê como brinde, como bônus, os produtos que normalmente são os mais baratos do seu segmento.

Dessa forma você cria o efeito da ancoragem e continua lucrando.

Sem mencionar que essa ancoragem acaba te ajudando a fazer uma venda casada, ou seja, aumenta seu faturamento no final das contas.

Considerações finais.

Finalmente chegamos ao fim dessa jornada de conhecimento e aprendizagem.

Os ensinamentos deste livro poderão te ajudar não apenas na venda via Whatsapp ou via Direct.

Com esses ensinamentos você conseguirá até mesmo melhorar sua negociação pessoalmente.

Se você trabalha em lojas, com vendas, recebe comissão, tenha certeza que se você utilizar o passo a passo deste livro, suas vendas no final do mês terão aumentado bastante.

Inclusive te proponho um desafio, marque o dia de hoje no calendário, anote em um papelzinho.

E faça um compromisso de a partir de hoje utilizar essas técnicas em suas próximas negociações.

Comece a anotar sua quantidade de vendas fechadas, a quantidade de faturamento, de comissões, vai anotando tudo, dia a dia.

E quando fechar o mês, compare todo resultado

Considerações finais.

Com o dos meses passados, quando você ainda não tinha o conhecimento do livro.

Faça a comparação, você vai perceber que quanto mais você utiliza essas técnicas, melhor você fica em utilizá-las, e isso vai aumentando progressivamente sua quantidade de vendas.

Você vai perceber também que um mês inteiro utilizando essas técnicas te rendeu uma comissão bem maior no final do mês.

E com toda certeza você viverá mais feliz, afinal você vai passar por menos frustrações, menos clientes chatos indecisos e mais clientes fechadores.

No final das contas o conhecimento desse livro não aumentará somente sua renda, mas diminuirá seu estresse.

Agradecimento

Claro, eu não poderia deixar de agradecer.

**Se você está lendo este livro, é porque me deu um
voto de confiança, confiou em meu trabalho e em
minha habilidade de ensinar.**

Por isso ficam aqui meus agradecimentos!

Muito obrigado!

E desejo a você muito sucesso.

Que você venda e prospere cada vez mais!

Forte abraço, Victor.

www.ingramcontent.com/pod-product-compliance
Lightning Source LLC
Chambersburg PA
CBHW020613220526
45463CB00006B/2573